NOTICE HISTORIQUE

SUR

P.-A. DE MONSIGNY.

Ami de la nature et de la vérité,
Par les chants de son âme électrisant la nôtre,
Il n'est plus, l'Amphion que la postérité
Nommera du bon goût le modèle et l'apôtre !

De La Chabeaussière, *Hommage à Monsigny.*

NOTICE HISTORIQUE

SUR

P.-A. DE MONSIGNY,

INSPECTEUR DE L'ANCIEN CONSERVATOIRE,
MEMBRE DE LA LÉGION D'HONNEUR,
DE L'INSTITUT ET DE LA SOCIÉTÉ ACADÉMIQUE
DES ENFANS D'APOLLON.

PAR P. HÉDOUIN.

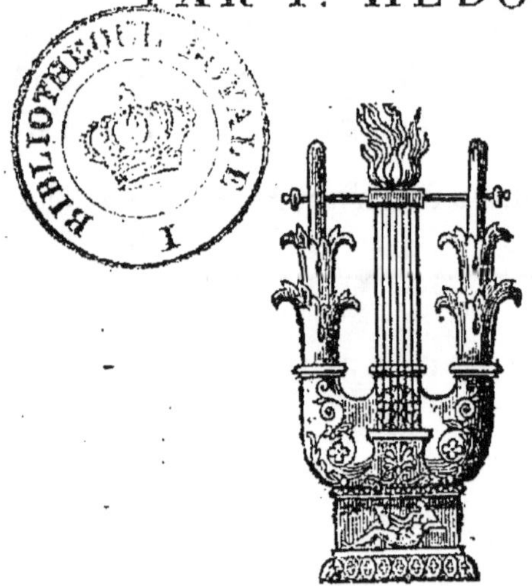

A PARIS,

AU MAGASIN DE MUSIQUE DE LA LYRE MODERNE,
rue Vivienne, n° 6 ;

ET CHEZ { PÉLICIER, Libraire, Place du Palais-Royal.
{ DELAUNAY, Libraire, au Palais-Royal.

OCTOBRE 1821.

A MESSIEURS,

MESSIEURS LES MEMBRES

DE LA SOCIÉTÉ ACADÉMIQUE

DES ENFANS D'APOLLON.

C'est à vous que je veux, que je dois dédier cet Ouvrage, faible tribut de mon admiration pour un homme célèbre qui fut votre collègue et votre ami.

Conservateurs de ce feu sacré qui seul rend durables les compositions de l'artiste musicien, vous accueillerez mon offrande avec indulgence. Elle vous rappellera cette séance remarquable dans laquelle le vénérable auteur de *Félix* vint siéger parmi vous, et joindre aux lauriers qui paraient ses cheveux blancs, une couronne que ses rivaux, ses contemporains et ses successeurs lui décernèrent d'une voix unanime......

Votre très-humble serviteur,

P. HÉDOUIN.

Boulogne-sur-Mer, ce 10 septembre 1821.

NOTICE HISTORIQUE

SUR

P.-A. DE MONSIGNY.

———

S'IL est beau d'obtenir des succès dans un art qui fait les délices des hommes de goût et des âmes sensibles, ces succès ont bien plus de prix encore, lorsque celui qui les a mérités peut être regardé comme ayant produit une révolution dans ce même art, par rapport au pays où il l'a exercé. C'est en ce sens que Monsigny se présente comme doublement célèbre, et que la nation française, ordinairement si juste et si reconnaissante envers ceux dont les talens l'honorent et contribuent à ses plaisirs, le comptera toujours avec orgueil parmi ses compositeurs les plus fameux.

PIERRE-ALEXANDRE DE MONSIGNY naquit,

en 1729, à Fauquemberg, en Artois. Ses ancêtres étaient originaires de la Sardaigne, qu'ils avaient quittée pour venir s'établir en l'an 1500 dans les Pays-Bas, où ils avaient joui pendant long-temps d'une fortune considérable. Son père, Nicolas de Monsigny, était né en 1697, à Desvres, petite ville du Boulonnais, et à l'époque où Alexandre vit le jour, la fortune de sa famille était presque entièrement perdue. C'est peut-être à la situation précaire dans laquelle il se trouva, qu'il dut cet amour pour le travail, qui contribua si puissamment à développer son génie.

Dès son enfance, ses parens avaient observé en lui le germe d'une intelligence peu ordinaire. Ils résolurent de tout sacrifier pour la cultiver, et pensèrent, avec raison, que le don le plus précieux qu'ils pouvaient lui faire était celui d'une éducation soignée. Son père, étant venu prendre un emploi à St.-Omer, le plaça, très-jeune encore, au collége des Jésuites, dans lequel il fit d'excellentes études. C'est une erreur, qui depuis long-temps

a été accréditée, que de croire l'enseigne-
ment des colléges nuisible à celui que la nature a créé pour les arts, en ce qu'il le ren-
ferme dans un cercle d'occupations uniformes
et banales. Toutes les Muses sont sœurs; les
sciences et les arts se tiennent par la main,
se prêtent de mutuels secours. L'homme qui
naît peintre ou musicien, loin de perdre son
temps en étudiant les langues, l'histoire et
les mathématiques, amasse des trésors pour
l'avenir; et, développant chaque jour son
esprit, parvient à saisir avec bien plus de fa-
cilité l'objet qui lui est propre, lorsque cet
objet lui est offert. Le jeune Monsigny, por-
té vers la musique par un attrait invincible,
la cultivait dans tous les instans que lui laissaient des études plus sérieuses. Possesseur,
dès l'àge de six ans, d'un violon, instrument
sur lequel il a depuis excellé; recevant des
leçons du carillonneur de St.-Bertin, homme
beaucoup trop habile pour une semblable
profession, il préludait dans son collége à
ces beaux chants qui ont été applaudis par
toute l'Europe. Les compagnons de ses travaux admiraient ce nouvel Orphée à son au-

rore, et souvent on les voyait quitter leurs jeux favoris pour jouir du plaisir de l'entendre.

Il perdit son père peu de temps après avoir terminé son éducation ; et cette perte, si funeste pour un jeune homme qui ne connaît pas le monde et qui a besoin d'un guide à la fois indulgent et sévère, pour l'éclairer sur les premiers dangers qu'offre la société, fut ressentie amèrement par Monsigny. De nouveaux devoirs se présentèrent à son âme sensible, et lui imposèrent l'obligation de remplacer celui qui lui avait donné le jour auprès d'une mère, d'une sœur, et de jeunes frères dont il devenait l'unique appui. Ce fut pour remplir ces devoirs qu'il se décida à embrasser une carrière qui pût le mener à la fortune, et qu'en 1749 il vint s'établir à Paris, avec l'intention de se placer dans la finance. Cette profession s'éloignait sans doute beaucoup de ses goûts et de son caractère, car s'il est une vérité reconnue, c'est que l'homme né pour les arts est le moins calculateur de tous les hommes. Mais la finance jetait alors un grand éclat : elle offrait des succès prompts, et Monsigny, en sacrifiant ses inclinations à sa famille, s'acquit de nouveaux droits à l'estime des gens honnêtes. Il obtint successivement, dans cette partie, plusieurs emplois utiles et honorables. Son amabilité, ses talens, le firent accueillir avec bienveillance dans les sociétés les plus brillantes de la capitale, et il eut bientôt de nombreux et puissans amis qui l'aidèrent à placer ses frères, et à procurer à sa mère et à sa sœur une douce existence.

Au milieu des travaux qu'exigeait son état, Monsigny se sentait entraîné plus impérieusement que jamais vers la musique. Si des mœurs simples, une active sensibilité ; si l'amour du beau dans toutes les choses de la vie sont les dispositions qui décèlent l'artiste, et surtout le musicien, qui, plus que le chantre de *Félix*, avait reçu de la nature ces dispositions précieuses ?..... Aussi, n'était-il pas possible qu'il échappât à sa vocation, et ne fut-il pas tranquille, jusqu'à ce qu'il eût acquis les règles d'un art dont son âme brûlante recélait tout le génie! Peu de temps après son arrivée à Paris, il avait choisi, pour maître de composition, *Gianotti*, contre-bassiste de l'Opéra, qui n'a d'autre titre à la célébrité que d'avoir donné des leçons à un homme dont les ouvrages sont immortels.

A cette époque notre musique dramatique sortait de l'enfance. *Lulli* qui, le premier, avait adapté l'art musical à des poëmes ré-guliers, qui sont encore les chefs-d'œuvre de la scène lyrique, avait sans doute montré beaucoup de génie pour le temps où il vivait : mais sa musique n'était qu'une es-pèce de déclamation notée; ses airs se traî-naient en général sur la trace de l'ancien chant français, véritable psalmodie, sans rondeur et sans grâces, qui ne pouvait plaire que par le pouvoir de l'habitude, et parce qu'on n'avait, jusqu'alors, entendu rien de mieux. Ce qu'on ne saurait cependant nier, c'est qu'il a rendu de grands services en fait de composition et d'exécution; c'est qu'il a ouvert le champ que plusieurs artistes cé-lèbres ont exploité depuis avec tant de bonheur. *Rameau*, qui lui succéda, profita de ses travaux, et sut donner à son orchestre plus de richesse et de force. Son chant ne fut cependant pas meilleur; et quoiqu'il connût la musique des *Vinci*, des *Léo*, des *Pergolèse*, on ne retrouve dans ses airs, aucune des formes italiennes. C'est toujours l'ancienne mélodie française avec une harmonie plus savante, mais qui n'est presque jamais, excepté toutefois dans quelques-uns de ses chœurs, assujétie à cette vérité de déclamation que le compositeur doit continuellement prendre pour guide.

Monsigny sut apprécier l'état où se trouvait l'art musical sur nos théâtres, malgré les efforts qu'avaient faits *Philidor* et *Duni* pour avancer ses progrès. L'opéra-comique naissait alors, et commençait à emprunter à l'opéra italien, que les bouffes avaient fait connaître à Paris, en 1751, cette mélodie vraie et pure avec laquelle les *Jomelli* et les *Pergolèse* ont si bien peint les passions. Monsigny sentit, en écoutant les ouvrages de ces grands maîtres, que c'était là le style qu'on devait transporter sur notre scène lyrique. *Je veux*, disait-il à ses amis, *essayer d'un autre genre de musique que celui qu'on nous a donné jusqu'à présent;* et cette résolution, secondée par le génie et le goût que la nature lui avaient départis, réussit complétement. Il contribua donc plus que personne à hâter la révolution qui devait s'opérer dans notre musique dramatique, et son talent original enrichit dès ce moment notre théâtre de plusieurs chefs-d'œuvre.

Il composa son premier opéra-comique en secret, et ce ne fut que lorsqu'il l'eut achevé qu'il le communiqua à quelques-uns de ses amis et à son maître *Gianotti.* Cet essai de sa lyre était *les Aveux indiscrets.* On le pressa de donner cet ouvrage à la scène, et, caché sous le voile de l'anonyme, son modeste auteur obtint en 1758, sur le Théâtre de la Foire, un succès d'autant plus flatteur, qu'il venait de faire faire un pas immense à la musique française. *Le Maître en Droit* et le *Cadi Dupé* suivirent de près *les Aveux Indiscrets,* et ne furent pas moins bien reçus du public, enchanté d'avoir à applaudir des chants aussi suaves qu'expressifs.

Ces compositions cependant étaient loin d'avoir l'ensemble et le mérite de celles que Monsigny fit depuis. Quelque talent qu'ait un musicien, il faut qu'il soit aidé par l'auteur du drame qu'il met en musique ; il faut surtout qu'il y ait entre eux cet accord d'âme, cette harmonie d'intelligence qui donnent à leur ouvrage l'unité d'intention, véritable type de la perfection dans les arts.

Il existait alors, à Paris, un homme que la nature avait créé pour faire des opéras-comiques, comme elle avait créé Monsigny pour faire des chants dramatiques et mélodieux : cet homme était *Sedaine*. Sans études, sans talent pour écrire, mais né observateur, sensible, et ayant quelque chose de ce génie original qu'on admire dans *Shakespeare*, personne n'a su à un plus haut degré que lui tracer des situations qui conviennent à la musique ; employer un dialogue franc et toujours en harmonie avec ses personnages :

présenter des images et des situations qui s'emparent du spectateur à son insu, et produire enfin des effets qui sont le résultat, non des combinaisons de l'esprit, mais d'une connaissance du cœur humain, fruit d'une organisation toute particulière.

Sedaine entendit la musique de Monsigny, en assistant à une représensation du *Cadi Dupé*, et lorsque le duo : *Est-il un destin plus doux !* fut terminé, il s'écria, avec une espèce de ravissement : *Voilà mon homme !...* et il se lia bientôt avec lui de la plus tendre amitié. Ils firent ensemble, et en peu d'années : *On ne s'avise jamais de tout*, *le Roi et le Fermier*, *Rose et Colas*, et *Aline, reine de Golconde*. La vérité d'expression et une mélodie charmante distinguent chacun de ces ouvrages.

En effet, quel chant est plus pur, plus suave que celui de la romance : *Jusque dans la moindre chose ?*..... Quel morceau d'opéra a un caractère plus éminemment dramatique, offre des accens plus naturels que le trio de la même pièce : *Laissez-nous donc en liber-*

té?..... Dans *Rose et Colas*, dont le poëme est considéré, avec raison, comme le modèle des comédies villageoises, il y a un tel accord entre le dialogue, l'action et la musique, qu'on serait tenté de croire qu'un seul auteur y a travaillé. *Le Roi et le Fermier* présente enfin une réunion d'airs qu'on ne se lasse jamais d'entendre et qui ne vieilliront jamais. Ce dernier ouvrage avait totalement été oublié dans les premières années de la révolution, à cette époque où, comme l'a dit si spirituellement *Grétry, on ne voulait que de la musique à coups de canon ;* les comédiens l'ont repris depuis, et il a attiré autant de monde et produit un aussi grand effet que lorsqu'il fut mis au théâtre en 1762. *Caillot* n'était plus là pour jouer *Richard,* mais un acteur, jeune encore, *Elléviou,* qui réunissait des qualités que peut-être on ne retrouvera plus dans le même homme, obtint dans ce rôle un succès prodigieux. On n'oubliera jamais la manière dont il chantait cet air :

D'elle-même et sans effort,
Elle va chez ce milord....

Quand ce charmant acteur disait :

> Dieux ! se peut-il que je l'aime,
> Se peut-il que je l'aime encor !....

il n'y avait presque personne dans la salle qui ne répandît des larmes et qui n'offrît, par cette marque d'attendrissement, à Monsigny et à son digne interprète, le tribut d'éloges le plus doux qu'ils pussent ambitionner.

Monsigny avait, jusqu'alors, gardé l'anonyme. Cependant son nom était connu du public, et des succès nombreux ayant éveillé la curiosité, trahirent entièrement le secret de sa modestie. A chaque première représentation de ses opéras les spectateurs le nommaient avec acclamations. Dès qu'il s'aperçut que sa musique était goûtée, il désira s'affranchir d'occupations qui ne lui permettaient pas de se livrer, autant qu'il l'eût désiré, à un art qu'il idolâtrait, et voulut répondre, par des ouvrages plus marquans encore, à la bienveillance qu'on lui témoignait.

Il quitta donc, en 1768, la place qu'il occupait dans le bureau des comptes du clergé de France, et acheta la charge de maître-d'hôtel de M. le *duc d'Orléans*. Ce prince aimait les arts et protégeait ceux qui les cultivaient. *Monsigny*, qu'il avait su distinguer, gagna sa confiance, et trouva le moyen, dans des fonctions qui lui laissaient le plus honorable loisir, de rendre d'importans services, en obtenant beaucoup de grâces pour les autres, et en n'en demandant jamais pour lui. Cette époque fut la plus heureuse et la plus brillante de son existence. Dégagé de toute inquiétude, vivant au sein d'une société choisie, qui lui témoignait la plus douce affection et rendait un juste hommage à ses talens, son imagination prit tout son essor et enfanta ceux de ses ouvrages qui ont été les objets constans de l'admiration publique. Ce fut en effet dans l'espace de huit années qu'il enrichit notre théâtre lyrique des partitions du *Déserteur*, de *la Belle Arsène* et de *Félix*.

Il est de ces choses qui ne sauraient être trop louées, et pour l'éloge desquelles on ne trouve point d'expressions dans les langues

connues. C'est en rendant compte des mer-
veilles des arts qu'on éprouve, surtout en
cherchant à les décrire, ce sentiment d'in-
suffisance qui avertit l'homme de la diffé-
rence essentielle qui existe entre les élans de
l'âme et les facultés de l'esprit. Qu'on lise en
effet ce que les auteurs les plus célèbres ont
écrit de plus beau, de plus éloquent sur les
chefs-d'œuvre de la peinture, de la sculpture
et de la musique..... Combien cela est froid,
auprès de l'impression profonde et brûlante
que leur vue ou leur exécution font ressen-
tir!.... Aussi, l'Italien qui, en regardant un
tableau de *Raphaël*, une statue de *Canova*,
ou en entendant les airs de *Pergolèse* et de
Cimarosa, s'écrie, en posant la main sur son
cœur : *oh! Dio!*.... en dit-il beaucoup plus
par cette exclamation involontaire que lui
arrache l'admiration, que celui qui, dans des
phrases correctement écrites, analiserait le
plaisir que ces chefs-d'œuvre lui ont causé !

Nous n'entreprendrons donc point de louer
particulièrement les beautés que renferment
les trois ouvrages de Monsigny que nous

venons de citer. Quel est celui de nos lec-
teurs qui ne les a pas remarquées?.... Quel
est l'homme assez dépourvu de sensibilité
pour n'avoir pas été vivement ému en écoutant la musique mélodieuse et énergique du
Déserteur, d'*Arsène* et de *Félix?*.... Ce dernier opéra est regardé comme le chef-d'œuvre de son auteur. Jamais la vertu n'a ren-
contré dans les arts un interprète plus tou-
chant, plus sublime que celui dont la lyre a
produit cet admirable trio :

> Nous travaillerons,
> Nous vous nourrirons.....

Oui, ce sont bien là les accens de la tendresse
filiale, de l'amour paternel et de l'honneur!...
Et ce bel hymne sera consacré, dans tous
les âges, à célébrer les affections les plus
nobles de la nature !.....

Monsigny sentait trop vivement, pour four-
nir une longue carrière dans la composition.
Une fièvre ardente le saisissait aussitôt que
son imagination, ébranlée par la lecture du
poëme qu'il devait mettre en musique, com-

mençait à créer les chants qui l'ont immortalisé ! L'enthousiasme exerçait sur lui toute sa puissance ; et qui l'aurait vu dans le moment du travail, se serait écrié, en employant l'expression des Grecs : *le dieu est en lui !....* Aussi, fut-on obligé de lui enlever plusieurs fois les poëmes qui lui étaient confiés. C'est ce qui arriva pour *le Déserteur ;* et on conçoit l'effet extraordinaire que cet ouvrage avait produit sur lui, lorsqu'on se rappelle que, dans un âge très-avancé, en racontant la manière dont il avait composé la scène où *Louise* revient de son évanouissement, il se prit à fondre en larmes, et tomba dans un accablement dont il fut très-difficile de le faire sortir. Une organisation aussi brûlante devait épuiser de bonne heure ses facultés. Semblable à ces plantes qu'un soleil ardent fait croître prématurément, et qui donnant des fleurs avant le temps, languissent bientôt dans la stérilité, *Monsigny*, parvenu à sa quarante-huitième année, vit s'éteindre le feu de l'inspiration dans son âme fatiguée par le trop grand éclat que ce feu avait jeté. Il cessa de faire de la musique, et parut devenir indifférent pour un art qu'il avait aimé avec passion.

Son existence était assurée par les bienfaits du duc d'Orléans, qui l'avait nommé administrateur de ses domaines et inspecteur-général des canaux. En 1784, il s'était marié avec une femme qui le rendit constamment heureux : le ciel bénit cette union, en accordant à ses vœux un fils qui devait être l'appui de sa vieillesse.

La révolution se déclara et lui enleva ses places, ses pensions, et la presque totalité de sa fortune. A l'époque désastreuse de 1793, où une fausse philosophie servait de prétexte à tous les crimes, *Monsigny*, qui vivait dans la retraite, fut oublié, et dut sans doute à cet oubli la conservation de ses jours. Ses ouvrages avaient disparu de la scène. Ils s'éloignoient trop du fracas et des idées révolutionnaires, pour plaire à un gouvernement qui, en faisant proclamer dans ses actes les droits de la nature, froissait continuellement ses devoirs les plus sacrés !..... Un ordre de choses plus régulier fit que l'on pensa à un homme qui ne demandait qu'à vivre ignoré, et il fut nommé inspecteur du Conservatoire et membre de la Légion-d'Honneur. Le public se porta en foule aux représentations de ses opéras, joués par l'élite des acteurs du théâtre Feydeau; et, malgré les principes d'une école moderne, à laquelle l'art musical doit sans doute beaucoup, mais qui souvent aussi n'a fait de ses élèves que des compositeurs savans, on applaudit avec enthousiasme les chants de *Monsigny*. Nous sommes loin de penser que l'artiste musicien doive ignorer les règles de son art à ce point de faire des fautes grossières; il est même à désirer qu'il les connaisse parfaitement. Cependant, l'abus de la science, le vain étalage d'accords péniblement combinés, l'emploi presque continuel de tous les instrumens dans l'orchestre, qui doit accompagner le chant, le soutenir, et non l'éclipser, ne conduiront jamais un ouvrage à la postérité. Voilà ce qu'au défaut de génie on trouve dans une foule de nouvelles partitions. On peut reprocher à *Monsigny* des négligences; tranchons le mot, il a même commis des fautes; mais il est toujours vrai, suave, entraînant. L'arrêt que *Grimm* a rendu contre lui, en disant *qu'il n'était pas musicien*, sera réprouvé par tous les artistes impartiaux, par tous les amateurs du vrai beau. Le baron allemand n'avait donc qu'à prétendre aussi que Rubens n'était pas peintre, parce que son dessin n'est pas toujours correct?..... Emouvoir, charmer, voilà le but que le musicien doit se proposer: et quand il l'a atteint, son travail est bien préférable à celui d'un savant calculateur de notes, dont les chants ne disent rien à l'âme, et font éprouver un ennui glacial à ceux qui les écoutent. Quoique l'opinion de *Grimm*, qu'on peut considérer comme n'ayant pas été tout-à-fait franche, ait été adoptée par certaines coteries, *Monsigny* en a été constamment vengé par les suffrages du public, et des talens au-dessus de l'envie dont s'honore maintenant encore l'école française.

Ce fut dans l'intention de lui prouver son admiration et son estime, qu'une société aussi utile que célèbre, celle des *Enfans* *d'Apollon*, le reçut au nombre de ses membres, le 25 mai 1811. La séance qui eut lieu pour son admission, a laissé des souvenirs ineffaçables dans l'âme de ceux qui y ont assisté. Qu'on se représente le Nestor des compositeurs français, au milieu de nos littérateurs et de nos artistes les plus distingués, voyant tout ce qui l'entourait applaudir avec ivresse le beau trio de *Félix* exécuté avec une rare perfection, et entendant le chancelier de la société * le surnommer, si justement, *le La Fontaine de la musique!*..... L'intérêt était doublé par la réception de *Laujon*, l'Anacréon de nos jours, et la vue de ces deux vénérables vieillards assistant aux jeux d'Euterpe, et recevant les hommages de ceux qui leur avaient succédé dans la carrière, excitait l'émotion la plus noble, la plus vive, et faisait couler de tous les yeux les plus douces larmes.

Monsigny ne prit place à l'Institut qu'après la mort de *Grétry*. Son caractère modeste et

* M. Bouilly.

timide l'avait pour ainsi dire dérobé à ce genre de monde qui, pour songer à un homme de talent, a souvent besoin qu'il lui rappelle ses titres et son existence. Il n'avait donc fait aucune démarche pour obtenir l'honneur d'être élu membre de l'Académie des Beaux-Arts ; mais cet honneur vint le chercher dans sa retraite, et pour cette fois l'Institut fut l'interprète de la voix publique, qui dès long-temps lui avait désigné ce célèbre compositeur.

Il ne survécut que trois ans à cet acte de justice, et la mort le frappa le 14 janvier 1817, à l'âge de quatre vingt-sept ans.

Quels que soient les changemens que la mode et l'esprit de système amènent dans notre musique, le laurier de *Monsigny* ne se flétrira point. *Corneille* a dans ses tragédies des tournures de phrase et des mots qui ont vieilli, mais on l'admirera dans tous les siècles. L'auteur de *Rose et Colas* a des traits de chant qui sont un peu surannés ; son orchestre n'est point travaillé comme celui d'un élève du Conservatoire ; mais il plaira toujours aux âmes sensibles, à ceux qui vont chercher au théâtre les accens de la nature et de la vérité !.... Tel est le propre du génie. Son empire est éternel : et, semblable à ces monumens de la Grèce dont le temps a un peu altéré les formes, mais qui conservent toujours ce type de noblesse, de grandeur et de grâce qu'ils reçurent en naissant, il traverse le torrent des âges en ne cessant pas d'être un objet de vénération pour les peuples, et d'admiration pour les amis des arts.

FIN.

DE L'IMPRIMERIE D'A. EGRON,

rue des Noyers, n. 37.